Das Andere
5

Paul Valéry
Lições de poética

Tradução de Pedro Sette-Câmara
Editora Âyiné

Paul Valéry
Lições de poética
Tradução
Pedro Sette-Câmara
Preparação
Érika Nogueira
Revisão
Andrea Stahel
Ana Martini
Projeto gráfico
CCRZ
Imagem da capa
Julia Geiser

Direção editorial
Pedro Fonseca
Direção de arte
Daniella Domingues
Assessoria de imprensa
Amabile Barel
Designer assistente
Gabriela Forjaz
Conselho editorial
Lucas Mendes

Terceira edição
© Editora Âyiné, 2025
Praça Carlos Chagas
Belo Horizonte
30170-140
ayine.com.br
info@ayine.com.br

Isbn 978-65-5998-117-5

Sumário

- 9   Nota do tradutor
- 11   O ensino da poética no Collège de France
- 17   Primeira lição do curso de poética
- 41   Segunda lição do curso de poética
[da voz de Paul Valéry]
- 61   Terceira lição do curso de poética
[da voz de Paul Valéry]

Lições de poética

Nota
do tradutor

Tanto «O ensino da poética no Collège de France» quanto a «Primeira lição do curso de poética» foram traduzidos a partir do texto reproduzido em *Variété V* (Paris: Gallimard, pp. 285-322). As duas demais lições, inexistentes até o momento em texto francês, foram traduzidas da transcrição italiana constante em *Opere Scelte* (ed. e trad. Maria Teresa Giavieri. Roma: Mondadori, pp. 405-30).

O ensino da poética
no Collège de France

A história da literatura é hoje altamente desenvolvida e dispõe de numerosas cátedras. É notável, por contraste, que a forma de atividade intelectual que engendra as obras mesmas seja muito pouco estudada, ou que só o seja acidentalmente, e com insuficiente precisão. Não é menos notável que o rigor aplicado à crítica dos textos e à sua interpretação filológica raramente seja encontrado na análise dos fenômenos positivos da produção e do consumo das obras do intelecto.

Se fosse possível atingir alguma precisão nessa matéria, seu primeiro efeito seria remover da história da literatura uma quantidade de fatos acessórios, e de detalhes ou distrações, que só possuem relações absolutamente arbitrárias e inconsequentes com os problemas essenciais da arte. É grande a tentação de trocar o estudo desses problemas, muito sutis, pelo de circunstâncias ou de acontecimentos que, por mais interessantes que possam ser em si mesmos, não nos dispõem, de maneira geral, a apreciar uma obra mais profundamente, nem a conceber uma ideia mais justa e mais proveitosa de sua estrutura. Pouco sabemos de Homero: a beleza marinha da *Odisseia* não sofre por isso; e, de Shakespeare, nem mesmo se seu nome é exatamente aquele que se deve apor a *O rei Lear*.

Uma história aprofundada da literatura deveria portanto ser compreendida não tanto como uma história dos autores e dos acidentes de sua carreira ou da de suas obras, mas como uma *história do intelecto enquanto produtor ou consumidor de «literatura»*, e essa história poderia até ser feita sem que nela se dissesse o nome de um único escritor. Pode-se estudar a forma poética do *Livro de Jó* ou do *Cântico dos cânticos* sem a menor intervenção da biografia de seus autores, que são totalmente desconhecidos.

*

Mas uma história desse tipo supõe, ou exige, a título de preâmbulo ou de preparação, um estudo que tenha por objeto formar uma ideia tão exata quanto possível das condições de existência e de desenvolvimento da literatura, uma análise dos modos de ação dessa arte, de seus meios e da diversidade de suas formas. Ninguém imaginaria que a história da pintura ou a da matemática (por exemplo) não fossem precedidas de um conhecimento bastante aprofundado dessas disciplinas e de suas técnicas próprias. Mas a literatura, por causa de sua aparente facilidade de produção (já que ela tem por substância e instrumento a linguagem de todos, e que só combina ideias não particularmente elaboradas), parece poder dispensar, para ser praticada e apreciada, qualquer preparação especial. Não se contesta que essa preparação possa parecer desprezível: é essa a opinião comum, segundo a qual uma caneta e um caderno, acrescidos de algum dom natural, fazem um escritor.

Não era esse o sentimento dos antigos, nem o de nossos mais ilustres autores. Esses mesmos que acreditaram dever suas obras apenas a seu desejo e a suas virtudes imediatamente exercidas criaram para si, sem desconfiar, todo um sistema de hábitos e de ideias, que eram os frutos de suas experiências e que se impunham à sua produção. Por mais que eles não suspeitassem de todas as definições, de todas as convenções, de toda a lógica e da «combinatória» que a composição supõe, e julgassem ter uma dívida apenas com o instante mesmo, seu trabalho necessariamente colocava em jogo todos os procedimentos desses modos inevitáveis do funcionamento do intelecto. As retomadas de uma obra, os arrependimentos, os cortes e enfim os progressos marcados pelas obras sucessivas mostram bem que o papel do arbitrário, do imprevisto, da emoção e até da intenção em ato só é preponderante na aparência. Nossa mão, quando escreve, normalmente não nos dá a perceber a impressionante complicação de seu mecanismo e das forças distintas que reúne em sua ação. Porém, o que ela escreve não deve, sem dúvida, ser menos deliberado; e cada frase que formamos deve, assim como todo ato complexo e singular, apropriado a uma circunstância que não se reproduz, comportar uma coordenação de percepções atuais, de impulsos e de imagens do momento com todo um «material» de reflexos, de lembranças e de hábitos. Tudo isso resulta da mínima observação da linguagem «em ato».

Ainda, porém, uma reflexão simplíssima nos leva a pensar que *a literatura é, e só pode ser, um tipo de extensão e de aplicação de certas propriedades da linguagem.*

Ela utiliza, por exemplo, para seus fins próprios, as propriedades fônicas e as possibilidades rítmicas do falar, negligenciadas pelo discurso ordinário. Ela até mesmo as classifica, as organiza e as utiliza de modo sistemático, estritamente definido. Também lhe acontece de desenvolver os efeitos que podem ser produzidos pelas aproximações de termos, por seus contrastes, e criar contrações ou usar substituições que impelem o intelecto a produzir representações mais vivas do que aquelas que lhe bastam para compreender a linguagem ordinária. Aí está o domínio das «figuras», com o qual a antiga «retórica» se preocupava, e que hoje foi quase abandonado pelo ensino. É de se lamentar esse abandono. A formação de figuras é indivisível da formação da linguagem mesma, cujas palavras «abstratas» todas são obtidas por algum abuso ou por algum traslado de significação, seguido de um esquecimento do sentido primitivo. O poeta que multiplica as figuras, portanto, apenas recupera em si mesmo a linguagem *em estado nascente*. Aliás, considerando as coisas suficientemente de cima, será que não se pode considerar a própria linguagem a obra-prima das obras-primas literárias, uma vez que toda criação nessa ordem se reduz a uma combinação das potências de dado vocabulário, segundo formas instituídas de uma vez por todas?

Em suma, o estudo de que falávamos teria por objeto precisar e desenvolver a busca dos efeitos propriamente literários da linguagem, o exame das invenções expressivas e sugestivas que foram feitas para ampliar o poder e a penetração da palavra, e o das restrições que por vezes foram impostas a fim de bem distinguir a língua da ficção daquela do uso corrente etc.

*

Vê-se por essas poucas indicações a quantidade de problemas e a imensidão da matéria proposta ao pensamento pelo esboço de uma teoria da literatura assim como a concebemos. O nome POÉTICA nos parece conveniente a ela, entendendo-se essa palavra segundo sua etimologia, isto é, como nome de tudo o que se relaciona com a criação ou com a composição de obras em que a linguagem é ao mesmo tempo substância e meio — e não com o sentido restrito de recolha de regras ou de preceitos estéticos relacionados à poesia.

A arte literária, derivada da linguagem, e que por sua vez influencia a linguagem, é portanto, entre as artes, aquela em que a convenção desempenha o papel mais importante; aquela em que a memória intervém a cada instante, em cada *palavra*; aquela que age sobretudo por intermediários, e não pela sensação direta, e que coloca em jogo de modo simultâneo, e até concorrente, as faculdades intelectuais abstratas e as propriedades emotivas e sensitivas. Ela é, de todas as artes, aquela que empenha e que utiliza o maior número de partes independentes (*som, sentido, formas sintáticas, conceitos, imagens...*). Seu estudo, assim concebido, é evidentemente um dos mais difíceis de realizar, e, antes de tudo, de ordenar, pois no fundo não passa de uma análise do intelecto dirigida numa intenção particular, e porque não existe ordem no espírito mesmo: ele encontra uma ordem ou ele a coloca nas coisas; ele não encontra em si mesmo uma ordem que se lhe imponha e que ultrapasse em fecundidade sua «desordem» incessantemente renovada.

Mas a POÉTICA se proporia muito menos a resolver problemas do que a enunciá-los. Seu ensino não seria separado da própria pesquisa, como se deve fazer em todo ensino superior; e ele deveria ser abordado e mantido em um espírito de máxima generalidade. É impossível, de fato, dar uma ideia suficientemente completa e verdadeira da literatura se não exploramos, para situá-la de maneira exata o bastante, o campo inteiro da expressão das ideias e das emoções, se não examinamos as condições de sua existência, passo a passo, no trabalho íntimo do autor, e na reação íntima de um leitor, e se não consideramos, por outro lado, os ambientes culturais em que ela se desenvolve. Essa última consideração leva (entre outros resultados) a uma importante distinção: a das obras *que são como que criadas por seu público* (cuja expectativa atendem, sendo assim quase determinadas pelo conhecimento desta) e das obras que, pelo contrário, *tendem a criar seu público*. Todas as questões e as querelas nascidas dos conflitos entre a novidade e a tradição, os debates sobre as convenções, os contrastes entre «pequeno público» e «grande público», as variações da crítica, a sorte das obras ao longo do tempo e as mudanças de seu valor etc. podem ser expostas a partir dessa distinção.

No entanto, a parte essencial de uma poética deveria consistir na análise comparada do mecanismo (isto é, do que se pode, *por figura*, chamar assim) do ato do escritor e das outras condições menos definidas que esse ato parece exigir («inspiração», «sensibilidade» etc.).

A observação pessoal e até a introspecção aqui encontram um emprego da maior importância, desde que nos empenhemos em exprimi-las com tanta precisão quanto possamos. É preciso admitir que a terminologia nas artes, e particularmente na arte literária, é das mais incertas: *forma, estilo, ritmo, influências, inspiração, composição* etc. são termos que sem dúvida se entendem; mas que só se entendem na medida em que as pessoas que os empregam, ou que os dizem entre si, entendem-se a si mesmas. No mais, palavras tão «elementares» quanto *frase* ou *verso* ou até *consoante* permanecem mal definidas.

*

Em suma, o objeto de um eventual ensino da poética no Collège de France, ao invés de tomar o lugar da história literária ou de contrapor-se a ela, seria dar-lhe ao mesmo tempo uma introdução, um sentido e uma finalidade.

Primeira lição
do curso de poética

Senhor ministro,
Senhor diretor,
Senhoras, senhores,

É para mim uma sensação bastante estranha e bastante emocionante subir a esta cátedra e começar uma carreira inteiramente nova na idade em que tudo nos aconselha a abandonar a ação e desistir de iniciativas.

Agradeço, senhores professores, pela honra que me fazem ao acolher-me entre os senhores e pela confiança que me fizeram, primeiro à proposta que lhes foi submetida, de instituir um ensino intitulado poética, e depois àquele que a submeteu.

Os senhores pensaram talvez que certos assuntos que não são propriamente objeto de ciência, e que não podem sê-lo, por causa de sua natureza quase integralmente interior, e de sua estreita dependência das pessoas que por eles se interessam, podiam, no entanto, se não ser ensinados, ao menos ser de algum modo comunicados enquanto frutos de uma experiência individual, que já dura toda uma vida, e que, por conseguinte, a idade era uma espécie de condição que, neste caso bastante particular, podia justificar-se.

Minha gratidão dirige-se igualmente a meus confrades da Academia Francesa, os quais quiseram juntar-se aos senhores, para apresentar minha candidatura.

Agradeço enfim ao senhor ministro da Educação por ter aprovado a transformação desta cátedra e também por ter proposto ao senhor presidente da República o decreto de minha nomeação.

Senhores, eu também não poderia começar a explicar minha tarefa sem primeiro testemunhar meus sentimentos de reconhecimento, de respeito e de admiração para com meu ilustre amigo o sr. Joseph Bédier. Aqui não é necessário recordar a glória e os insignes méritos do estudioso e do escritor, honra das letras francesas, e não preciso falar aos senhores sobre sua autoridade gentil e persuasiva de administrador. Porém, é difícil para mim calar-me, pois foi ele que, entrando em acordo com alguns dentre os senhores, teve a ideia que hoje se realiza. Ele me seduziu para os encantos de sua Casa, a qual ele estava a ponto de deixar, e foi ele quem me convenceu de que eu poderia ocupar este lugar que nada me levava a cogitar. Foi enfim em alguma conversa com ele que a rubrica mesma desta cátedra surgiu de nossa troca de questões e de reflexões.

Minha primeira preocupação deve ser explicar o nome «poética», que uso num sentido absolutamente primitivo, que não é o mesmo do uso habitual. Ele me veio à mente e me pareceu o único que convinha para designar o tipo de estudo que me proponho a desenvolver neste curso.

O costume é que ouçamos esse termo designando qualquer exposição ou recolha de regras, de convenções ou de preceitos relacionados à composição de poemas líricos e dramáticos ou à construção de versos. Porém, pode-se verificar que ele envelheceu bastante nesse sentido, junto com a coisa mesma, para dar-lhe outro emprego.

Todas as artes outrora admitiam submeter-se, cada qual segundo sua natureza, a certas formas ou modos obrigatórios que se impunham a todas as obras do mesmo gênero, e que podiam e deviam ser aprendidas, como se faz com a sintaxe de uma língua. Não se admitia que os efeitos que uma obra pode produzir, por mais potentes ou felizes que fossem, fossem garantias suficientes para justificar essa obra e garantir-lhe valor universal. O fato não trazia o direito. Reconhecia-se, desde bem cedo, que havia em cada arte práticas a recomendar, observâncias e restrições favoráveis ao melhor sucesso do desígnio do artista, e que era do interesse dele conhecê-las e respeitá-las.

Porém, pouco a pouco, e pela autoridade de homens importantíssimos, a ideia de uma espécie de legalidade foi introduzida, tomando o lugar das recomendações iniciais, de origem empírica. Raciocinou-se, e o rigor da regra se instalou. Ela se exprimia segundo fórmulas precisas; a crítica armou-se delas; e seguiu-se esta consequência paradoxal: uma disciplina das artes, que contrapunha dificuldades bem pensadas aos impulsos do artistas, obteve favor grande e durável graças à extrema facilidade que proporcionava no julgamento e na classificação das obras, por uma simples referência a um código ou a um cânone bem definido.

Outra facilidade resultava dessas regras formais para aqueles que cogitavam produzir. Condições muito estritas, e até mesmo condições muito severas, dispensam o artista de várias decisões extremamente delicadas e retiram dele várias responsabilidades em matéria de forma, ao mesmo tempo que algumas vezes o impelem a invenções às quais uma liberdade total jamais teria levado.

Porém, apreciando-se isso ou não, a era da autoridade nas artes já acabou há bastante tempo, e a palavra «poética» não desperta muito mais do que a ideia de prescrições incômodas e ultrapassadas. Creio portanto poder retomá-la num sentido que diz respeito à etimologia, sem no entanto ousar pronunciá-la *poiética*, como faz a fisiologia quando fala de funções hematopoiéticas ou galactopoiéticas. A noção que quero exprimir, enfim, é a pura e simples noção de fazer. O fazer, o *poien*, de que desejo ocupar-me, é aquele que se realiza em alguma obra, e que logo restringirei ao gênero de obras que concordamos em chamar de obras do intelecto. Trata-se daquelas que o intelecto quer fazer para seu próprio uso, empregando para esse fim todos os meios físicos que podem servir-lhe.

Assim como o ato simples de que eu falava, toda obra pode induzir-nos ou não nos induzir a meditar sobre essa geração, e fazer ou não fazer com que nasça uma atitude interrogativa mais ou menos pronunciada, mais ou menos exigente, que a constitui como problema.

Um estudo como esse não parece tão necessário. Podemos julgá-lo vão, e podemos até considerar quimérica essa pretensão. Mais: certas inteligências acharão essa pesquisa não apenas vã como também incômoda; e talvez façam bem. Concebemos, por exemplo, que um poeta pode legitimamente temer alterar suas virtudes originais, sua capacidade imediata de produção, ao analisá-la. Ele se recusa instintivamente a aprofundá-las por qualquer modo que não seja o exercício de sua arte, assim como se recusa a tornar-se mais integralmente senhor dela por meio da razão demonstrativa. É de crer que nosso ato mais simples, nosso gesto mais familiar, não poderia realizar-se, e que a menor de nossas capacidades seria para nós um obstáculo, caso precisássemos torná-la presente no intelecto e conhecê-la a fundo para executá-la.

Aquiles não pode vencer a tartaruga se está pensando no espaço e no tempo.

No entanto, pode acontecer, pelo contrário, que essa curiosidade ganhe um interesse tão vivo, e que consideremos tão importante segui-la, que sejamos levados a considerar com mais prazer e até com mais paixão *a ação que faz* do que *a coisa feita*.

É nesse ponto, senhores, que minha tarefa se diferenciará necessariamente daquela que realiza de um lado a história da literatura e de outro a crítica de textos e a de obras.

A história da literatura pesquisa circunstâncias exteriormente atestadas nas quais as obras compostas manifestaram-se e produziram seus efeitos. Ela nos informa sobre os autores, sobre as vicissitudes de sua vida e de sua obra, enquanto coisas visíveis e que deixaram marcas que possam ser assinaladas, coordenadas, interpretadas. Ela recolhe as tradições e os documentos.

Não preciso recordar aos senhores a erudição e a originalidade de perspectivas com que esse ensinamento foi aqui mesmo dispensado pelo sr. Abel Lefranc, seu eminente colega. Porém, o conhecimento dos autores e de sua época, o estudo das sucessões dos fenômenos literários, só pode levar-nos a conjeturar o que pode ter acontecido no íntimo daqueles que fizeram o que foi necessário para conseguir ser inscritos nos esplendores da história das letras. Se eles obtiveram isso, foi pelo concurso de duas condições que ainda podemos considerar independentes: uma é necessariamente a produção mesma da obra; a outra é a produção de um certo valor da obra por aqueles que a conheceram, que impuseram seu renome e garantiram sua transmissão, sua conservação, sua vida ulterior.

Acabo de pronunciar as palavras «valor» e «produção». Vou me deter nelas um instante.

Se queremos empreender a exploração do domínio da inteligência criadora, é preciso não temer deter-se primeiro nas considerações mais gerais, que são aquelas que nos permitirão progredir sem sermos obrigados a voltar atrás muitas vezes, e que nos oferecerão assim o maior número de analogias, isto é, o maior número de expressões aproximadas para a descrição de fatos e de ideias que no mais das vezes escapam, por sua própria natureza, a toda tentativa de definição direta. É por isso que chamo a atenção para esse empréstimo de alguns termos da economia: será talvez cômodo para mim reunir apenas sob os nomes de *produção* e de *produtor* as diversas atividades e os diversos personagens de que nos ocuparemos, se queremos tratar do que eles têm em comum, sem distinguir entre suas diferentes espécies. Não será menos cômodo, antes de especificar que se fala de leitor, de ouvinte ou de espectador, confundir todos esses cúmplices das obras de todos os gêneros, sob o nome econômico de *consumidor*.

Quanto à noção de valor, bem sabemos que ela desempenha no universo do intelecto um papel de primeira ordem, comparável ao que desempenha no mundo econômico, ainda que o valor espiritual seja muito mais sutil do que o econômico, pois está ligado a necessidades infinitamente mais variadas e não contáveis, como são as necessidades da existência psicológica. Se ainda conhecemos a *Ilíada*, e se o ouro permaneceu, após tantos séculos, um corpo (mais ou menos simples), mas bastante notável e geralmente venerado, é porque a raridade, a inimitabilidade e algumas outras propriedades distinguem o ouro e a *Ilíada*, e fazem deles objetos privilegiados e padrões de valor.

Sem insistir em minha comparação econômica, é claro que a ideia de trabalho, as ideias de criação e de acúmulo de riqueza, de oferta e de demanda, apresentam-se muito naturalmente no domínio que nos interessa.

Tanto por sua semelhança quanto por suas diferentes aplicações, essas noções de mesmo nome nos recordam que, em duas ordens de fatos que parecem muito distantes uns dos outros, colocam-se os problemas da relação das pessoas com seu ambiente social. No mais, como existe uma analogia econômica, pelos mesmos motivos, existe também uma analogia política entre os fenômenos da vida intelectual organizada e os da vida pública. Existe toda uma política do poder intelectual, uma política interior (muito interior, entende-se), e uma política exterior, pertencendo esta à jurisdição da história literária, que teria nela um de seus principais objetos.

Política e economia assim generalizadas são portanto noções que, desde nosso primeiro olhar para o universo do intelecto, e quando podíamos esperar considerá-lo um sistema perfeitamente isolável, durante a fase de formação das obras, impõem-se e parecem profundamente presentes na maior parte dessas criações, e sempre imediatamente próximas a esses atos.

No coração mesmo do pensamento do cientista ou do artista mais absorvido em sua pesquisa, e que parece o mais entrincheirado em sua esfera própria, frente a frente com o que é mais ele próprio e mais impessoal, existe certo pressentimento das reações exteriores que provocará a obra em formação: o homem dificilmente está sozinho.

Essa ação de presença deve sempre ser pressuposta, sem medo de errar; mas ela se compõe tão sutilmente com os outros fatores da obra, às vezes disfarça-se tão bem, que é quase impossível isolá-la.

Sabemos no entanto que o verdadeiro sentido dessa escolha ou de tal esforço de um criador está muitas vezes *fora* da criação mesma e resulta de uma preocupação mais ou menos consciente do efeito que será produzido e de suas consequências para o produtor. Assim, durante seu trabalho, o intelecto se dirige e se reporta incessantemente do Mesmo ao Outro; e modifica o que produz seu ser mais interior, por essa sensação particular do julgamento de terceiros. E, assim, em nossas reflexões sobre uma obra, podemos assumir uma ou outra dessas duas atitudes que se excluem. Se pretendemos proceder com tanto rigor quanto admite a matéria, devemos nos limitar a separar muito cuidadosamente nossa pesquisa da geração de uma obra de nosso estudo da produção de seu valor, isto é, dos efeitos que ela pode engendrar aqui ou ali, nesta ou naquela cabeça, em tal ou qual época.

Basta, para demonstrá-lo, observar que aquilo que podemos verdadeiramente saber ou acreditar saber em todos os domínios, não é outra coisa senão o que podemos ou *observar* ou *fazer* nós mesmos, e que é impossível reunir num mesmo estado e numa mesma atenção, a observação do intelecto que produz a obra, e a observação do intelecto que produz algum valor dessa obra. Não existe olhar capaz de observar ao mesmo tempo essas duas funções; produtor e consumidor são dois sistemas essencialmente separados. Para um, a obra é o *termo*; para o outro, a *origem* de desenvolvimentos que podem ser tão alheios um ao outro quanto se queira.

É preciso concluir disso que todo juízo que anuncia uma relação em três termos, entre o produtor, a obra e o consumidor — e os juízos desse gênero não são raros na crítica — é um juízo ilusório, que não pode receber nenhum sentido, e que a reflexão arruína assim que começa a se aplicar a ele. Só podemos considerar a relação da obra com seu produtor, ou então a relação da obra com quem ela modifica, quando pronta. A ação do primeiro e a reação do segundo jamais podem ser confundidas. As ideias que um e outro têm da obra são incompatíveis.

Disso resultam surpresas muito frequentes, dentre as quais algumas são vantajosas. Existem mal-entendidos criadores. E existem vários efeitos — e dos mais poderosos — que exigem a ausência de qualquer correspondência direta entre as duas atividades interessadas. Certa obra, por exemplo, é fruto de longos cuidados e reúne certa quantidade de tentativas, de retomadas, de eliminações e de escolhas. Ela exigiu meses e até anos de reflexão, e pode também supor a experiência e as aquisições de toda uma vida. Ora, o efeito dessa obra será declarado em poucos instantes. Uma olhadela bastará para apreciar um monumento considerável e para sentir seu choque. Em duas horas, todos os cálculos do poeta trágico, todo o labor que ele gastou para ordenar sua obra e para formar cada verso, um a um; ou então todas as combinações de harmonia e de orquestra que o compositor construiu; ou então todas as meditações do filósofo, e os anos durante os quais ele retardou, guardou seus pensamentos, aguardando perceber e aceitar sua ordenação definitiva, todos esses atos de fé, todos esses atos de escolha, todas essas transações mentais vêm enfim ao estado da obra pronta, para tocar, surpreender, deslumbrar ou desconcertar o intelecto do *Outro*, bruscamente submetido à excitação dessa carga enorme de trabalho intelectual. Há nisso uma ação de *desmedida*.

Podemos (muito grosseiramente, claro) comparar esse efeito ao da queda em poucos segundos de uma massa que teria sido erguida, pedaço por pedaço, até o alto de uma torre, sem que se considerasse o tempo e o número de viagens.

Assim, tem-se a impressão de uma força sobre-humana. Mas o efeito, como os senhores sabem, nem sempre se produz; acontece, nessa mecânica intelectual, de a torre ser alta demais, a massa grande demais, e que o resultado observado seja nulo ou negativo.

Suponhamos, pelo contrário, que se tenha produzido um grande efeito. As pessoas que o sentiram e que foram como que avassaladas pela força, pelas perfeições, pelo número de lances felizes, de belas surpresas acumuladas, não podem, nem *devem*, conceber todo o trabalho interno, as possibilidades contidas, os longos testes de elementos favoráveis, os raciocínios delicados cujas conclusões assumem a aparência de adivinhações ou, numa palavra, a quantidade de vida interior que foi tratada pelo alquimista do espírito produtor, ou triada no caos mental por um demônio à la Maxwell; e essas pessoas são portanto levadas a imaginar um ser de poderes imensos, capaz de criar prodígios sem outro esforço além do que é necessário para emitir o que quer que seja.

Aquilo que a obra produz então para nós é incompatível com nossas próprias faculdades de produção instantânea. No mais, certos elementos da obra que chegaram ao autor por algum acaso favorável serão atribuídos a uma virtude singular de seu intelecto. É assim que o consumidor, por sua vez, torna-se produtor, primeiro, do valor da obra; e, em seguida, em virtude de uma aplicação imediata do princípio de causalidade (que no fundo não passa de uma expressão ingênua de um dos modos de produção do intelecto), ele se torna produtor do valor do ser imaginário que fez o que ele admira.

Talvez, se os grandes homens tivessem tanta consciência de que são grandes, homem nenhum seria grande a seus próprios olhos.

Assim, e é este o ponto aonde quero chegar, esse exemplo, ainda que muito particular, nos faz compreender que a independência ou a ignorância recíproca dos pensamentos e das condições do produtor e do consumidor é quase essencial para os efeitos das obras. O segredo e a surpresa que os táticos tantas vezes recomendam em seus escritos estão aqui naturalmente garantidos.

Em resumo, quando falamos de obras do intelecto, entendemos ou o termo de uma certa atividade ou a origem de uma certa outra atividade, e isso gera duas ordens de modificações incomunicáveis, demandando cada qual uma acomodação específica incompatível com a outra.

Resta a própria obra, enquanto coisa sensível. Aqui há uma terceira consideração, bem diferente das duas outras.

Observamos uma obra como um *objeto*, puramente objeto, isto é, sem colocar nela nada de nós mesmos além do que se pode aplicar indistintamente a todos os objetos: atitude essa que muitas vezes é marcada pela ausência de qualquer produção de valor.

Que poder temos sobre esse objeto que, desta vez, poder nenhum tem sobre nós? Mas nós temos poder sobre ele. Podemos medi-lo segundo sua natureza, espacial ou temporal, contar as palavras de um texto ou as sílabas de um verso; constatar que tal livro foi publicado em tal época; que a composição de um quadro é um decalque de outro; que há um hemistíquio em Lamartine que existe em Thomas, e que tal página de Victor Hugo pertence, desde 1645, a um obscuro padre François. Podemos assinalar que tal raciocínio é um paralogismo; que tal soneto está incorreto; que o desenho de tais braços é uma ofensa à anatomia; e determinado emprego de palavras, insólito. Tudo isso é o resultado de operações que podem ser assimiladas a operações puramente materiais, pois remetem a maneiras de superpor a obra, ou fragmentos da obra, a determinado modelo.

Esse tratamento das obras do intelecto não as distingue de todas as obras possíveis. Ele as coloca e as mantém nas fileiras das coisas e lhes impõe uma existência *definível*. Eis o ponto que se deve reter:

Tudo o que podemos definir distingue-se imediatamente do intelecto produtor e se opõe a ele. O intelecto no mesmo lance faz disso o equivalente de uma matéria sobre a qual pode operar ou de um instrumento com o qual pode operar.

Aquilo que foi bem definido pelo espírito é por ele colocado fora de suas realizações, e é nisso que ele mostra que se conhece e que não confia no que não é ele mesmo.

Essas distinções da noção de obra, que acabo de propor, e que a dividem, não pela busca de sutileza, mas pela referência mais fácil a observações imediatas, tendem a colocar em evidência a ideia que vai me servir para introduzir minha análise da produção das obras do intelecto.

Tudo o que eu disse até este momento encerra-se nestas poucas palavras: *a obra do intelecto só existe em ato*. Fora desse ato, o que permanece é apenas um objeto que não oferece nenhuma relação particular com o intelecto. Transportem os senhores a estátua admirada por um povo suficientemente distinto do nosso: ela não passa de uma pedra insignificante. Um Partenon não passa de uma pedreira de mármore. E, quando o texto de um poeta é usado como recolha de dificuldades gramaticais ou de exemplos, ele deixa imediatamente de ser uma *obra do intelecto*, pois o uso que dele se faz é inteiramente estranho às condições de sua geração, e porque, além disso, a ele é recusado o valor de um consumo que dá sentido à obra.

Um poema no papel nada mais é do que um escrito submetido a tudo o que se pode fazer com um escrito. Porém, entre todas as suas possibilidades, há uma, e apenas uma, que enfim coloca o texto nas condições em que ele ganhará força e forma de ação. Um poema é um discurso que exige e que produz uma ligação contínua entre a *voz que é* e a *voz que vem e que deve vir*. E essa voz deve ser tal que se impõe, e que excita o estado afetivo cuja única expressão verbal seria o texto. Tire a voz e a voz que é necessária, e tudo se torna arbitrário. O poema vira uma sequência de signos que só estão ligados por estar materialmente traçados uns depois dos outros.

Por esses motivos, não deixarei de condenar a prática detestável que consiste em abusar das obras mais bem feitas para criar e desenvolver o sentimento da poesia nos jovens, em tratar os poemas como coisas, em fatiá-los como se a composição não fosse nada, em sofrer, quando não em exigir, que sejam recitados daquele jeito que sabemos, usados como testes de memória ou de ortografia; numa palavra, em fazer abstração do essencial dessas obras, do que faz com que elas sejam o que são, e não inteiramente diversas, e que lhes dá sua virtude própria e sua necessidade.

É a execução do poema que é o poema. Fora dela, o que há são fabricações inexplicáveis, sequências de palavras reunidas curiosamente.

As obras do intelecto, poemas ou outras, só se reportam *ao que faz nascer o que fez nascer elas mesmas*, e absolutamente a nenhuma outra coisa. Sem dúvida, divergências podem manifestar-se entre as interpretações poéticas de um poema, entre as impressões e as significações, ou melhor, entre as ressonâncias provocadas, numa e noutra pessoa, a ação da obra. Eis porém que essa observação banal precisa assumir, com a reflexão, uma importância de primeira grandeza: essa diversidade possível de efeitos legítimos de uma obra é a marca mesma do intelecto. Ela corresponde, aliás, à pluralidade das vias que se oferecem ao autor durante seu trabalho de produção. É que todo ato do intelecto é sempre como que acompanhado por certa atmosfera de indeterminação mais ou menos sensível.

Peço desculpas por essa expressão. Não encontro outra melhor.

Coloquemo-nos no estado a que uma obra nos transporta, uma dessas obras que nos fazem desejá-las tanto mais quanto mais as possuímos, ou quanto mais elas nos possuem. Encontramo-nos então divididos entre sentimentos nascentes, cuja alternância e contraste são bastante notáveis. Sentimos, de um lado, que a obra que age em nós nos convém tão intimamente que não conseguimos concebê-la de outro modo. Mesmo em certos casos de supremo contentamento, percebemos que nos transformamos de um jeito profundo, e nos tornamos aquele cuja sensibilidade é capaz dessa plenitude de deleite e de compreensão imediata. Mas não sentimos menos fortemente, e como que por um sentido inteiramente distinto, que o fenômeno que causa e desenvolve em nós esse estado, que nos inflige sua força, poderia não ter existido, e nem deveria existir, classificando-se como improvável.

Se nosso deleite ou nossa alegria são fortes, fortes como um fato, a existência e a formação do meio da obra geradora da nossa sensação nos parecem acidentais. Essa existência nos parece o efeito de um acaso extraordinário, de um magnífico dom da fortuna, e é nisso (não esqueçamos de observar) que se revela uma analogia particular entre esse efeito de uma obra de arte e o de certos aspectos da natureza: acidente geológico, ou combinações passageiras de luz e de vapor no céu da noite.

Às vezes, não podemos imaginar que certo homem seja o autor de mercê tão extraordinária, e a glória que lhe damos é a expressão da nossa impotência.

Porém, qualquer que seja o detalhe desses jogos ou desses dramas que se realizam no produtor, tudo deve estar acabado na obra visível, e por isso mesmo encontrar uma determinação final absoluta. Esse fim é a conclusão de uma sequência de modificações interiores, desordenadas o quanto sejam, mas que devem necessariamente resolver-se no momento em que a mão age, num comando único, feliz ou não. Ora, essa mão, essa ação exterior, resolve necessariamente, bem ou mal, o estado de indeterminação de que eu falava. O intelecto que a produz parece, aliás, procurar imprimir em sua obra características inteiramente opostas às suas próprias. Parece evitar, numa obra, a instabilidade, a incoerência, a inconsequência que ele conhece em si e que constituem seu regime mais frequente. Age portanto contra as intervenções em todos os sentidos e de todas as espécies, que precisa enfrentar a cada instante. Assimila a variedade infinita dos incidentes; repele as substituições quaisquer de imagens, de sensações, de impulsos e de ideias que atravessam as outras ideias. Luta contra o que é obrigado a admitir, a produzir ou a emitir; e, em suma, contra sua natureza e sua atividade acidental e instantânea.

Durante sua meditação, ele próprio fica zumbindo em torno de seu próprio ponto de referência. Tudo serve para que ele se distraia. São Bernardo observava: *Odoratus impedit cogitationem* [«O cheiro impede o pensamento»]. Mesmo na cabeça mais sólida a contradição é a regra; a consequencialidade correta é a exceção. E essa correção é ela própria o artifício de um lógico, artifício que consiste, como todos aqueles que o intelecto inventa contra si mesmo, em materializar os elementos do pensamento, os quais ele chama de «conceitos», sob a forma de círculos ou de domínios, em dar uma duração independente das vicissitudes do intelecto a esses objetos intelectuais, pois a lógica, afinal, não passa de uma especulação sobre a permanência das notações.

Eis aqui porém uma circunstância muito surpreendente: essa dispersão, sempre iminente, importa e concorre para a produção da obra quase tanto quanto a própria concentração. O intelecto que trabalha, que luta contra sua mobilidade, contra sua inquietude constitucional e contra sua diversidade própria, contra a dissipação ou contra a degradação natural de toda atividade especializada, acha, por outro lado, nessa condição mesma, recursos incomparáveis. A instabilidade, a incoerência, a inconsequencialidade de que eu falava, que são para ele incômodos e limites em sua empreitada de construção e de composição ordenada, são também para ele tesouros de possibilidades cuja riqueza ele pressente nas imediações do instante em que sonda a si próprio. São para ele reservas das quais ele pode esperar tudo, razões para esperar que a solução, o sinal, a imagem, a palavra que falta estejam mais próximas dele do que ele enxerga. Ele sempre pode pressentir, em sua penumbra, a verdade ou a decisão procuradas, que ele sabe estarem à mercê de um nada, desse mesmo incômodo insignificante que parecia distraí-lo dela e dela afastá-lo indefinidamente.

Às vezes, o que desejamos ver aparecer em nosso pensamento (e até uma simples lembrança) é para nós como que um objeto precioso que estivéssemos segurando e apalpando ao longo de um tecido que o envolve e que o esconde a nossos olhos. Ele está e não está em nós, e o menor incidente o revela. Às vezes invocamos o que deveria ser, tendo-o definido por condições. Nós o interrogamos, detidos diante de algum conjunto de elementos que nos são igualmente iminentes, e dos quais nenhum ainda se destaca para satisfazer nossa exigência. Imploramos a nosso intelecto uma manifestação de irregularidade. Apresentamos a nós mesmos nosso desejo assim como quem contrapõe um ímã à confusão de um pó misturado, do qual um grão de ferro se desembaraçará de repente. Parece que há, nessa ordem das coisas mentais, algumas relações muito misteriosas *entre o desejo e o acontecimento*. Não quero dizer que o desejo do intelecto cria uma espécie de campo, muito mais complexo do que um campo magnético, o qual teria o poder de chamar o que nos convém. Essa imagem é só um jeito de exprimir um fato da observação, ao qual voltarei mais tarde. Mas, quaisquer que sejam a clareza, a evidência, a força, a beleza do acontecimento espiritual que põe termo à nossa espera ou que retira nossa dúvida, nada ainda é irrevogável. Aqui, o instante seguinte tem poder absoluto sobre o produto do instante precedente. É que o intelecto reduzido à sua própria substância não dispõe sobre o finito, nem pode, absolutamente, obrigar-se por conta própria.

Quando dizemos que nossa opinião sobre algum ponto é definitiva, dizemos isso para torná-la definitiva: recorremos aos outros. O som da nossa voz nos dá muito mais segurança do que aquela firme palavra interior que ela afirma em voz alta termos formado. Quando julgamos ter concluído algum pensamento, nunca nos sentimos seguros de que poderíamos retomá-lo sem aperfeiçoar ou sem arruinar o que tínhamos parado. É por isso que a vida do intelecto se divide contra si mesma no exato momento em que se aplica a alguma obra. Toda obra exige ações voluntárias (ainda que contenha sempre alguns componentes nos quais o que chamamos de *vontade* não desempenha papel nenhum). Porém, nossa vontade, nosso poder manifesto, quando tenta voltar-se para nosso próprio intelecto, e obedecer a ele, sempre reduzem-se a uma simples parada, à manutenção ou ainda à renovação de algumas condições.

De fato, só podemos agir diretamente sobre a liberdade do sistema de nosso intelecto. Reduzimos o grau dessa liberdade, mas, quanto ao resto, quero dizer, quanto às modificações e às substituições que esse constrangimento deixa possíveis, simplesmente esperamos que o que desejamos se produza, pois só o que podemos fazer é esperar. *Não temos nenhum meio de atingir em nós exatamente o que desejamos obter.*

Esse rigor e esse resultado que esperamos de nosso desejo têm a mesma substância mental, e talvez se perturbem um ao outro por sua atividade simultânea. Sabemos que muitas vezes acontece de a solução desejada nos surgir após algum tempo de desinteresse por um problema, sendo como que uma recompensa da liberdade dada a nosso intelecto.

Isso que acabo de dizer, e que se aplica mais especificamente ao produtor, é verificável também no consumidor da obra. Neste, a produção de valor, que será, por exemplo, a compreensão, o interesse empolgado, o esforço que ele despenderá por uma posse mais completa da obra, dará lugar a observações análogas.

Se me prendo à página que preciso escrever ou àquela que quero ouvir, nos dois casos entro numa fase de menor liberdade. Porém, nos dois casos, essa restrição da minha liberdade pode se apresentar sob duas espécies totalmente opostas. Há momentos em que minha tarefa mesma me incita a executá-la, e, em vez de senti-la como uma dificuldade, como um desvio do curso mais natural de meu intelecto, entrego-me a ela, e progrido com tanta vitalidade na via que meu desígnio cria para si que a sensação de fadiga é diminuída, até o momento em que de súbito verdadeiramente obnubila o pensamento, enevoando o jogo das ideias para reconstituir a desordem dos câmbios normais de curto período, o estado de indiferença dispersiva e repousante.

Porém, há outros momentos em que o constrangimento se mantém em primeiro plano, a manutenção da direção vai ficando cada vez mais penosa, o trabalho se torna mais sensível que seu efeito, o meio se opõe ao fim, e a tensão do intelecto precisa ser alimentada por recursos cada vez mais precários e cada vez mais estranhos ao objeto ideal cuja força e ação devem ser mantidas, ao custo de uma fadiga logo insuportável. Aí está um grande contraste entre duas aplicações de nosso intelecto. Ele vai me servir para mostrar aos senhores que o cuidado que tomei em especificar que só era importante considerar as obras no ato da produção ou do consumo era perfeitamente conforme ao que se pode observar; ao mesmo tempo que, por outro lado, ele nos proporciona o meio de fazer uma distinção importantíssima entre as obras do intelecto.

Entre essas obras, o uso cria uma categoria dita de obras de arte. Não é muito fácil precisar esse termo; no entanto, é necessário precisá-lo. De início, nada distingo, na produção das obras, que me constranja claramente a criar uma categoria de obra de arte. Por toda parte, nos intelectos, encontro atenção, tateamentos, claridade inesperada e noites escuras, improvisações e ensaios, ou retomadas urgentíssimas. Existe, em todos os lares do intelecto, fogo e cinzas; prudência e imprudência; o método e seu contrário; o acaso sob mil formas. Artistas, cientistas, todos identificam-se nos detalhes dessa estranha vida do intelecto. Pode-se dizer que, a cada instante, a diferença funcional dos intelectos em operação é indiscernível. Porém, se dirigimos o olhar para os efeitos das obras feitas, percebemos em algumas delas uma particularidade que as agrupa e que as contrapõe a todas as outras. A obra que colocamos à parte divide-se em partes inteiras, das quais cada uma comporta algo com que criar um desejo e algo com que satisfazê-lo. A obra nos oferece, em cada uma de suas partes, ao mesmo tempo o *alimento* e o *estímulo*. Ela desperta continuamente em nós uma sede e uma fonte. Em recompensa por aquilo que cedemos a ela de nossa liberdade, ela nos dá o amor pela captividade que nos impõe, e o sentimento de um tipo delicioso de conhecimento imediato; e tudo isso despendendo, *para nosso grande contentamento*, nossa própria energia, que ela evoca de um modo tão conforme à entrega mais favorável de nossos recursos orgânicos, que a sensação do esforço se torna ela própria inebriante, e nos sentimos possessores por estarmos magnificamente possuídos.

Então, quanto mais damos, mais queremos dar, ao mesmo tempo que julgamos receber. A ilusão de agir, de exprimir, de descobrir, de compreender, de resolver, de vencer, nos anima.

Todos esses efeitos, que às vezes chegam a ser prodigiosos, são totalmente instantâneos, como tudo o que dispõe da sensibilidade; eles atacam diretamente os pontos estratégicos que comandam nossa vida afetiva, constrangendo por meio dela nossa disponibilidade intelectual; eles aceleram, suspendem ou até regularizam os diversos funcionamentos, cujo acordo ou desacordo nos dá enfim todas as modulações da sensação de viver, da calma invariante à tempestade.

O timbre do violoncelo, por si, exerce em muitas pessoas uma dominação verdadeiramente visceral. Há palavras cuja frequência, num autor, nos revela que, em sua obra, elas possuem ressonância diferente, e, por conseguinte, uma potência positivamente criadora, que não possuem de maneira geral. Aí está um exemplo das avaliações pessoais, dos *grandes valores-para-um-só*, que certamente desempenham um papel belíssimo numa produção do intelecto, em que a singularidade é um elemento de primeira importância.

Essas considerações nos servirão para esclarecer um pouco a constituição da poesia, que é bastante misteriosa. É estranho que nos esforcemos para formar um discurso que observe condições simultâneas perfeitamente heteróclitas: *musicais, racionais, significativas, sugestivas,* e que exigem que se acompanhe ou se mantenha uma ligação entre um ritmo e uma sintaxe, entre o *som* e o *sentido*.

Essas partes não têm relações concebíveis entre si. É preciso que lhes demos a ilusão de sua profunda intimidade. *Para que serve tudo isso?* A observância de ritmos, de rimas, da melodia verbal, incomoda os movimentos diretos de meu pensamento, e eis que não posso mais dizer o que quero... *Mas então o que eu quero?* É essa a questão.

Conclui-se que aqui é preciso querer o que se deve querer, para que o pensamento, a linguagem e suas convenções, que são tomadas de empréstimo da vida exterior, o ritmo e os acentos da voz, que são diretamente coisas do ser, entrem em acordo, e esse acordo exige sacrifícios recíprocos, dentre os quais o mais notável é aquele com o qual o pensamento deve consentir.

Um dia explicarei como essa alteração é marcada na linguagem dos poetas, e que existe uma linguagem poética na qual as palavras não são mais as palavras do uso prático e livre. Elas não se associam mais segundo as mesmas atrações; estão carregadas de dois valores simultâneos e de importância equivalente: seu som e seu efeito psíquico imediato. Eles então fazem pensar nos números complexos dos geômetras, e o casamento da *variável fonética* com a *variável semântica* engendra problemas de prolongamento e de convergência que os poetas resolvem com os olhos vendados, mas que resolvem (e aí está o essencial), às vezes... Às vezes, eis a expressão correta! Eis a incerteza, eis a desigualdade entre momentos e indivíduos. Aí está nosso fato capital. Será preciso voltarmos longamente a ele, pois toda arte, poética ou não, consiste em defender-se contra essa desigualdade do momento.

Tudo o que acabo de esboçar neste exame sumário da noção geral de obra me levará enfim a indicar a posição que escolhi com o propósito de explorar o imenso domínio da produção das obras do intelecto. Tentamos, em poucos instantes, dar uma ideia da complexidade dessas questões, nas quais se pode dizer que tudo interfere ao mesmo tempo, e nas quais se combina o que há de mais profundo no homem com diversos fatores exteriores.

Tudo isso se resume na seguinte fórmula: na produção de uma obra, a ação vai ao encontro do indefinível.

Uma ação voluntária que, em cada uma das artes, é extremamente composta, que pode exigir longos trabalhos, as atenções mais abstratas, conhecimentos muito precisos, vem adaptar-se na operação da arte a um estado de ser que é completamente irredutível, em si, a uma expressão finita, que não se reporta a nenhum objeto localizável, que se possa determinar e atingir por um sistema de atos uniformemente determinados; e isso culminando na obra, cujo efeito deve ser reconstituir numa pessoa qualquer estado análogo — não digo semelhante (pois nunca saberemos nada dele), mas análogo ao estado inicial do produtor.

Assim, de uma parte temos o *indefinível*, e de outra, uma *ação* necessariamente finita; de um lado um *estado*, às vezes uma única sensação produtora de valor e de impulso, estado cuja única característica é não corresponder a nenhum termo finito de nossa experiência; de outro lado, o *ato*, isto é, a determinação essencial, pois um ato é uma fuga miraculosa para fora do mundo fechado do possível e uma introdução no universo do fato; ato esse frequentemente produzido contra o intelecto, com todas as suas precisões; saído do instável, como Minerva completamente armada produzida pelo intelecto de Júpiter, imagem antiga, ainda cheia de sentido!

No artista, de fato acontece — é o caso mais favorável — que o mesmo movimento interno de produção lhe dê ao mesmo tempo e indistintamente o impulso, o fim exterior imediato e os meios ou os dispositivos técnicos da ação. Geralmente se estabelece um regime de execução durante o qual há uma troca, mais ou menos viva, entre as exigências, os conhecimentos, as intenções, os meios, todo o mental e o instrumental, todos os elementos de ação de uma ação cujo estímulo não está situado no mundo em que estão situados os fins da ação comum, e, por conseguinte, não pode ceder a uma previsão que determina a fórmula dos atos a serem realizados para que ela seja seguramente atingida.

E foi enfim concebendo esse fato tão notável (ainda que pouco observado, parece-me) — a *execução de um ato*, como conclusão, resultado, determinação final de um estado que é inexprimível em termos finitos (isto é, que anula exatamente a sensação-causa) — que adotei a resolução de tomar por forma geral deste curso o tipo mais geral possível da ação humana. Julguei que era preciso fixar a qualquer preço uma linha simples, uma espécie de via geodésica através das observações e das ideias de uma matéria incontável, sabendo que, num estudo que, até onde sei, não foi até hoje abordado em seu conjunto, é ilusório procurar uma ordem intrínseca, um desenvolvimento sem repetição que permita enumerar problemas segundo o progresso de uma variável, pois essa variável não existe.

A partir do momento em que se põe em questão o intelecto, tudo está em questão; tudo é desordem, e toda reação contra a desordem é da mesma espécie que ela. Isso porque a desordem, ademais, é a condição de sua fecundidade: ela contém sua promessa, pois essa fecundidade depende mais do inesperado do que do esperado, e sobretudo daquilo que ignoramos, e porque ignoramos, do que aquilo que sabemos. Como poderia ser diferente? O domínio que tento percorrer é ilimitado, mas tudo se reduz às proporções humanas assim que tomamos o cuidado de nos ater à nossa própria experiência, às observações feitas por conta própria, aos meios que nós mesmos experimentamos. Esforço-me para nunca esquecer que cada um é a medida das coisas.

Segunda lição do curso de poética
[da voz de Paul Valéry]

Senhoras, senhores,

Retomarei, para começarmos, alguns pontos da primeira lição, que apresentei ontem e que naturalmente foi muito geral. A lição foi talvez mais retórica do que eu desejava: mas assim exigiam as circunstâncias.

Recordo-lhes que o objetivo deste curso, por outro lado, não é ensinar, mas sim despertar na medida mais ampla possível a atenção de suas mentes para certos pontos que em geral são negligenciados. Em suma, trata-se não de tornar essas coisas mais fáceis, mas de torná-las na verdade mais difíceis.

Os senhores recordarão como é importante enunciar certos problemas, ainda que sejamos muito mais capazes de enunciá-los do que de resolvê-los; mas é preciso enunciá-los para que nos demos conta de que, de todo modo, a existência consiste em agir como se o problema estivesse resolvido; como se o intelecto não atuasse nesse intervalo; como se pudéssemos superar com um salto toda uma série de dificuldades que a reflexão necessariamente introduz, mas das quais a ação nos dispensa: creio, na verdade, que esse seja um dos principais objetivos do ensino.

Se eu fosse obrigado a definir o ensino, diria que consiste em nos transformarmos o máximo possível, em transformar nosso corpo e nosso intelecto, para fazer deles verdadeiros instrumentos, mais dóceis ao que podemos chamar de desejo de superioridade. Nossa superioridade individual depende da flexibilidade, da obediência e da precisão desses instrumentos que são o intelecto e o corpo: instrumentos do quê? Instrumentos do instinto, sem dúvida, de uma ideia que se nos apresenta, de uma necessidade que percebemos. Quanto mais elevada é essa necessidade, quanto mais é rara, menos ela pertence à ordem das necessidades ordinárias do ser, e mais exige ductilidade, prontidão e precisão dos instrumentos de que falava.

Um ensino que tenha isso como princípio pode em suma ser chamado de ensino-adestramento; para esse fim, é preciso associar, juntar duas atitudes muito diversas, uma de reflexão, de análise, e outra que não pode limitar-se a essas apreciações no fim das contas teóricas, mas que tende a uma prática. Por isso, a partir do momento em que, na minha vida, estabeleceram-se considerações teóricas ou práticas (quero dizer, com fins a uma certa arte), posso tirar dessa espécie de reserva as ideias que exporei.

Ontem, por exemplo, cheguei a mostrar como considero o que chamo de obra do intelecto: considero-a em ato, considero-a não um objeto morto, um pedaço da anatomia no qual podem ser praticadas todas as operações que se queira. Este último é também um modo de saber, claro, mas que, na minha opinião, é limitado, ao passo que as obras do intelecto, quaisquer que sejam, de qualquer campo que se trate — ciência, arte, técnica —, só vivem, só existem quando o instrumento, isto é, o ser vivente, relaciona-se com elas e faz alguma coisa. Mais uma vez, elas, por si próprias, não têm significado nenhum.

É desse modo, com reflexões dessa natureza, que podemos, ao nos ocuparmos de uma arte específica, como a literatura, que evidentemente é para mim a mais familiar, rever todas as ideias recebidas durante os estudos por meio de livros ou de relações com nossos semelhantes: isto é, todas as ideias que se aplicam a essa arte.

Em todas as artes encontramos por exemplo noções como a de forma, de fundo, de estilo, de composição etc., que — caso não se queira aceitar imediatamente a noção vaga que elas apresentam — exigem ser dominadas, e, caso necessário, redescobertas ou abolidas. Há ideias desse tipo que são impostas pelo uso, e introduzidas por esse uso em nossos hábitos mentais sem que sintamos sua necessidade.

A questão está inteira aqui. Na base disso tudo, está a noção de necessidade: isto é, a noção de impulso originário, de falta direta do nosso ser. Se uma noção se nos apresenta, ao contrário, vinda do exterior e transportada até nós, se não se nos apresenta como viva, como um estímulo de que temos necessidade e que pede que a usemos, é péssima; mesmo que haja um bom esforço para defini-la de maneira mais ou menos refinada, ela permanecerá secundária em relação à nossa atividade mental. Ela só será usada em aplicações que denominarei secundárias.

Por exemplo, uma terminologia da arte faz com que surjam, como decerto os senhores sabem, discussões infinitas. Há séculos se discute o belo. Se discute o estilo. O clássico e o que se segue dele. Ora, todas essas considerações eram claramente artificiais. É a sensação própria do indivíduo que deve ser, como em todas as coisas, nossa guia: em suma, nossa necessidade deve ser nosso indicador.

Se recordarmos a lição de ontem ou ao menos alguns de seus pontos, tomei como base uma ideia que serei levado a estudar durante este curso. A ideia me veio ao observar que as obras do intelecto, quaisquer que sejam — por ora não entrarei em detalhes —, têm para nós o seguinte caráter: há o objeto material de que falei, o ato de que falava (e é preciso entendê-lo de modo particular, pois coloco o ato sob certa forma do lado do produtor e sob outra forma do lado do consumidor); mas, entre esses dois aspectos, entre esses dois mundos, não há nenhuma comunicação direta: de um lado a produção, e, de outro, o consumo da obra e a produção de valor.

Quando as coisas são consideradas assim, temos duas ordens de dificuldades, aliás semelhantes. Tratando-se de coisas do intelecto, isto é, de coisas que não têm determinação externa, nos encontramos em presença de noções que nos bloqueiam: encontramos a indeterminação, encontramos o arbitrário, encontramos a dúvida sobre o valor, e, aliás, sobre a existência ou a inexistência desse valor junto ao consumidor. Sabemos muito bem que o valor de uma obra de arte é o que se quer que seja. Sabemos também que a decisão do artista que gerou a obra é quase sempre — ou ao menos para grande parte de sua produção — objeto de hesitações e de dúvidas, cuja origem é a dispersão natural do intelecto, pois a obra exige ser longamente aprofundada.

O artista fica bloqueado, duvida de si, considera a todo momento uma pluralidade de possibilidades. Além disso, para o artista, em particular — agora falo do artista mais do que do cientista —, o estado inicial, o nível profundo, o estado que está na origem de todo o seu trabalho, de todas essas modificações internas, bem, esse estado é indefinível. Considerei, como disse ontem, que «indefinível» era um dos elementos para definir esse estado. Não se deve tomar «indefinível» como uma negação: nesse contexto, há um valor positivo. Basta que pensemos, por exemplo, em quando definimos uma coisa: é verde, azul, vermelha... Está claro? Estamos designando um objeto. Gostaria que o termo «indefinível», que estou usando agora, e que aparentemente é uma negação, seja tomado como um elemento verdadeiramente positivo: um elemento positivo que sempre aparece em nossa linguagem quando precisamos lidar com certa ordem de emoções ou de inspirações.

Nessa ordem de palavras, a linguagem é bastante rica: por exemplo, com «inefável», «indescritível» ou «inexplicável», temos toda uma série de negações que são aplicações positivas da faculdade de negação que possui uma língua. Se dizemos «indefinível», «inexprimível» ou «inefável», aludimos a um estado que não podemos encontrar por meio de atos determinados, isto é, por meio de um programa de atos que me permitirão, movendo-me ou cumprindo certas ações, encontrar, apreender, tocar, perceber a coisa em questão. Nesse caso, de fato, há uma construção de atos uniformes, específicos, que, a partir de certa impressão, me conduzirão ao objeto desejado. Porém, há toda uma série de coisas que estão associadas ao momento, aos atos, às ações mesmas, e que constituem precisamente esta categoria do «indefinível».

Se falei do azul, do vermelho, do verde, foi para evocar o caso das sensações. As sensações são em nós a origem absoluta, e não temos meio nenhum de reconstruí-las por meio de um sistema de atos. Por isso elas são indefiníveis.

Por exemplo, podemos em certos casos evocar de que maneira é possível chegar a experimentar uma sensação: mas isso não significa verdadeiramente reconstruí-la. É na realidade um caso particular, notabilíssimo, do qual, creio, talvez eu vá falar da próxima vez, quando tratarei das produções da sensibilidade: um caso notabilíssimo, em que mesmo a sensação dá lugar a outra sensação; mas ainda não é o momento de falar disso.

Voltemos então ao que eu estava dizendo: nosso intelecto, como produtor ou como consumidor e criador de valor, é o que confere ao objeto, à obra, sua verdadeira existência, fora da qual a obra é um fato material.

Quando me vi diante do problema de reunir diante de uma plateia o conjunto das ideias que me vêm — um conjunto, em suma, um tanto divergente sobre essas questões —, procurei qual linha seguir, a linha de exposição que me permitiria enunciar o problema sem ser obrigado a ficar dando passos demais para trás, ou sem correr o risco de esquecer coisas essenciais demais; e ontem eu me dizia que, pensando bem, a ideia de ato é precisamente a que me pareceu mais pertinente para essa exposição.

De fato, como expliquei ontem mesmo, é a indeterminação interior, são as incontáveis possibilidades que são oferecidas quando não estamos dominados por uma necessidade direta assinalada pelo organismo que caracterizam a ordem das coisas mentais. Porém, na produção de uma obra, chega fatalmente um momento em que saímos da indeterminação. Se traço alguma coisa com uma caneta ou com um pincel, esse traço, que posso apagar, assim como a palavra que pronuncio neste momento, é um ato externo e portanto um ato subtraído *ipso facto* à indeterminação do intelecto. É portanto um ponto sólido, um elo claro, que nos permite considerar a obra do intelecto como o resultado de uma transformação que veremos mais tarde, mas que chega necessariamente a um ato único e perfeitamente determinado.

Em suma, nosso intelecto, ininterruptamente ou com grande frequência... Detenho-me um momento nesse ponto. Sempre se pode dizer que o intelecto se ocupa sem parar de alguma coisa, pois, se não se ocupa de algo, não existe, e deve-se considerar que ele está em vias de organizar alguma situação. Um instante do intelecto, o que chamamos de um instante, pode ser considerado um sistema *in fieri*, necessariamente incoerente ou incompleto, instável. Há uma excitação perpétua e indeterminada, uma diversidade heterogênea e constante, contra a qual reagimos. A imensa maioria dos acontecimentos que ali acontecem a cada instante é por nós percebida apenas pela metade, ignorada: ela é reabsorvida, compensada a cada instante por nosso organismo. A esse tipo de acontecimento com certeza se pode dar sequência, como uma associação de ideias, uma ação indiferente, de quaisquer gestos; porém, quando há algo que se impõe a nós, que faz nascer aquela necessidade de que eu falava, então o organismo se transforma sem que percebamos. Ele se constitui como uma organização que pode ser mais ou menos complexa, mas que é sempre adequada àquilo que se está produzindo. Mesmo que esta cesse, que se desfaça assim como se constituiu, ela no entanto representa — devo ressaltar — uma espécie de discrepância em relação ao regime que podemos chamar de normal, médio, ou mais frequente de nossa organização vital.

Em suma, estávamos subordinados ao que podemos chamar, usando uma imagem, de regime de cintilação, que é de frequência elevada. A cada instante trocamos uma palavra com outra pessoa, executamos pequenos gestos, temos ideias sem importância. É um regime quase normal. De certo modo, nós, desconcentrados, vibramos em todos os sentidos; porém, ao contrário, quando se produzem acontecimentos que despertam em nós aquela necessidade de sermos muito mais organizados e adequados, então vem uma transformação interna. Produz-se uma espécie de construção, que dura mais ou menos tempo, que é mais ou menos penosa, mas que constituirá, no conjunto de momentos indiferentes da nossa organização, algo muito particular: uma verdadeira construção. O resultado agora será uma ação organizada.

A cada instante, em suma, estamos à mercê de pequenos atos indiferentes em todos os sentidos. Porém, em certos instantes, às vezes somos o teatro de uma modificação, de uma construção verdadeira e própria: de certo ponto de vista, por exemplo, é fácil observar que há duas espécies de tempo, de duração muito diversa. É o que chamo, referindo-me a uma máquina, de tempo de montagem e de tempo de execução.

Tomemos um exemplo simplíssimo: dois homens na mesma posição física, ambos sentados ou deitados. Um deles sabe que, dali a um instante, a um chamado, a um sinal, terá de executar certo ato; o outro não sabe de nada. Eis que vem o sinal: aquele que está pronto interiormente se levanta; o outro precisa de algum tempo, um pouco mais longo, para organizar-se. Por conseguinte, há nesses dois casos uma diferença oculta, produzindo-se uma ínfima diferença de estrutura.

O mesmo sucede com a atenção. Os senhores estão atentos a alguma coisa: esperam captar, apreender algo, quer venha de fora, quer venha de nós mesmos. A sua situação interna é profundamente diferente.

Considerando portanto o próprio intelecto, observando algumas dessas organizações momentâneas de que eu falava, vê-se que essa discrepância na organização, na máquina «montada», se desfaz, sempre ou quase sempre, acidentalmente: quando certo ato se conclui, a atenção sucumbe.

Aliás, do lado dos produtores, por exemplo, o artista mesmo distingue em sua obra a conclusão externa e a conclusão interna. Pode-se dizer, em certo sentido, que em muitos casos a obra nunca termina interiormente. Um artista — refiro-me a um artista digno desse nome — terá sempre a violentíssima tentação de retomar a obra mesmo depois da publicação ou da exibição, para debruçar-se outra vez sobre ela, para corrigi-la. Ele sente que não integrou materialmente na obra tudo o que ainda sente possível. O possível permanece de certa maneira num estado inalterável em seu pensamento, e, quando desaparece, quando se liberta dele, não é — como posso dizer? —, não é o intelecto num sentido superior que está em jogo, mas a estagnação, o tédio: são formas inferiores que agridem a construção que antes estava «montada».

Em suma, para dizer tudo que penso, direi que o intelecto, por si próprio, não tem como levar a termo coisa nenhuma; ele precisa de outra coisa, do ato externo, do objeto material sobre o qual debruçar-se, sobre o qual transportar não o que ele é, mas todo o seu contrário. Ele transportará para a obra uma composição, uma causalidade, uma finalidade e — como dizer? — uma duração que esta não possui, porque é a todo momento instável e se sente incoerente. De outro ponto de vista, adotando, isto é, o ponto de vista da ação, considero a ação que cria a obra o limite extremo para o produtor da operação. A origem é sua necessidade, um estímulo (que pode ser de tipo muito diferente, voltaremos a falar disso): o ponto de partida é uma ocasião, de diversidade extrema.

No intervalo encontram-se todos aqueles elementos em que estão presentes o arbitrário, o indeterminado, o indefinível; porém, essa reserva se torna possibilidade, vontade, e se cria, se esforça para chegar até nós.

Então, no produtor assim como no consumidor, *toda obra deve ser considerada uma transformação que tem uma transformação por objeto*. Creio que essa é a ideia mais geral que podemos ter. Alguém transforma algo em vista de modificar alguém; porém, refiro-me sempre ao tipo geral de ato de que falei.

Por isso, não devemos hesitar em fazer numerosas divisões e subdivisões, e observar sucessivamente os diversos efeitos, com precisão crescente.

À primeira vista, encontramos antes de tudo a ação geral do homem, o ato, isto é, a intervenção após a mobilidade, que é a outra face do nosso ser. Assim, a primeira face, o início, o eterno início de nós mesmos, é *a sensibilidade*; na outra face, há sempre um esquema geral de mobilidade.

Se consideramos a produção, encontramos em primeiro lugar o ser humano em geral; aquilo que o homem faz em geral; pode ser qualquer coisa, a construção de uma casa, de uma mesa, a organização dos negócios... Tudo isso se coloca imediatamente à nossa frente. Depois, junto dessa obra humana... Atenção, devo deter-me um instante: este é um ponto para o qual chamo sua atenção, como um daqueles problemas imperceptíveis, invisíveis, que sou obrigado a fazer aflorar em nossa mente. Trata-se de um problema quase ridiculamente simples, que se apresentou muitas vezes e que muitas vezes tentei analisar: não ouso dizer que o venci completamente... E é um problema de simplicidade: dou muito valor à simplicidade nos problemas.

O que nos prova que um objeto foi feito pelo homem? Essa questão nunca mais foi levantada. Evidentemente, pensamos que uma garrafa, uma casa, uma máquina de escrever foram feitas pelo homem. Porém, suponhamos que não saibamos disso. Há casos em que se pode ter dúvidas; por exemplo, pode acontecer a meu douto colega, o padre Breuil,[1] de encontrar uma pedra; ele poderá perguntar-se: ela é obra do

---

1   O padre Henri Breuil, arqueólogo. [N. T.]

homem, que a lascou para fazer uma faca ou um machado? Ou será que é um fragmento solto de uma rocha?

Essa dúvida é bastante rara; mas, se ela não existisse, seria necessário inventá-la. E eu não quero ultrapassar ponto nenhum do meu percurso sem estar seguro do que deixei atrás de mim, antes de chegar às obras de arte ou do intelecto em geral.

Digo a mim mesmo: isto, como foi feito? Há casos em que a obra humana, sobretudo a obra de arte, tende a aproximar-se das obras daquela que chamamos — sem saber muito bem o que dizemos — de natureza. São por exemplo objetos como as conchas, comparáveis a obras de arte por sua graça, pelo prazer que dão à vista ou ao tato, mas que não são obra do homem, e aliás não são nem sequer obras em sentido próprio. Há algo na natureza que, por causa de certas características, pela simetria, por exemplo pelas formações que parecem supor sabe-se lá qual pensamento projetual que tenha organizado as formas, nos faz pensar inevitavelmente numa operação do intelecto humano. Por outro lado, o objeto vulgar, banal, logo sabemos que foi feito por um homem, que tem um sentido humano, uma finalidade humana: que ele serve para alguma coisa.

Esse problema é muito mais difícil do que se pode pensar à primeira vista. Não quero discuti-lo hoje. Limito-me a falar dessa categoria de problemas. Sua fecundidade nasce do fato de que ele nos coloca diante da necessidade de nos determos num ponto ao qual não dávamos nenhuma importância. Somos obrigados a dizer: se eu não soubesse que este objeto é obra humana, se por exemplo um selvagem encontrasse uma máquina de escrever, o que ele poderia pensar a respeito? O que ele poderia imaginar, para supor alguma finalidade para este objeto e sobretudo um modo de construção?

E diante da obra que sabemos muito bem ser humana, é necessário sempre que nos perguntemos que percurso conduz à sua produção. Quem a fez? De onde é? Para que serve? Colocamos então todas as questões fundamentais, elementares de nosso intelecto, que são questões de finalidade: por quê? Depois, de atribuição: de quem? Bem se sabe o papel metafísico que existe nesse questionamento: o fim, a ideia, como, com que meios isso foi feito?

Talvez, examinando o que acontece no intelecto de um poeta, de um artista ou de algum criador, encontraremos momentos que farão pensar numa espécie de produção, de formação natural, como a de uma flor ou a de uma concha: algo que se aproxima nem tanto da produção de um cérebro humano, mas da de um organismo combinado com um cérebro humano, como as obras ornamentais elementares, os ornamentos geométricos. O processo de decorar um telhado, um pano, um tapete com aqueles ornamentos que os povos primitivos fazem muito melhor do que as populações muito civilizadas (e os fazem quase automaticamente), nos recorda enormemente o processo de formação dos objetos naturais como as conchas ou as flores, ou a distribuição natural, como as faixas que se formam na areia quando o mar reflui.

São produções que obedecem a leis extremamente simples e que, no conjunto, fazem pensar numa decoração.

Entre os produtos mais elevados do intelecto humano, há também formações que não sabemos atribuir nem ao acaso, nem a uma fusão simples do organismo, nem a atos organizados, mas que assumem lugar em obras que são atos extremamente organizados: por exemplo, na música, na produção natural dos ritmos e também em ciências sofisticadíssimas como a matemática, também se encontram o que chamamos de intuições generalizadas (não sei por quê, dado que *intuição* significa *coisa que se vê*, e a visão aqui não é essencial), isto é, as produções diretas da organização humana que não são ainda produções organizadas, mas que não estão em germe, e que lembram muito o que a natureza produz com o simples jogo de suas forças.

Porém, antes de iniciar esse estudo, que será relativo ao que chamamos de produtos ou de produções da sensibilidade, e que, na minha opinião, deve preceder o das obras organizadas, porque julgo que a produção direta do intelecto e da sensibilidade é anterior à produção das obras (que é outra coisa, mas que supõe essa primeira produção mais interior, mais profunda, subentendida, da qual falarei adiante), quero, como dizer?, fazer *tabula rasa* de todo um conjunto de ideias que podem se apresentar; e, porque a origem deste curso é a produção das coisas da arte, quero hoje, para encerrar esta lição, deter-me detalhadamente na noção mesma de arte.

Na verdade, estou me antecipando ao programa do curso, mas não posso prosseguir, traçando a origem a partir da sensibilidade até a obra do homem, sem ter de certo modo aberto o caminho, indicando como podem permanecer separados, na atividade de que me ocupo, certos elementos que não devem mais entrar em jogo, em particular a ideia de utilidade e de inutilidade, ideias que relaciono com a de valor, de que falei ontem.

As obras só existem em ato: o ato é dado e supõe o valor. A ideia de utilidade é uma ideia que definirei como econômica, a qual tentarei resumir hoje. Por isso, precisamos voltar à ideia de arte, pois a ideia de arte em geral opõe-se à ideia de utilidade. A obra de arte é uma obra em si inútil, em relação ao sentido preciso de utilidade: é uma categoria completamente à parte. Porém, mostrarei que, se é à parte, está no entanto em estreita correspondência com a ideia habitual de utilidade e de inutilidade.

Quanto à palavra *arte* (agrada-me voltar à origem, do ponto de vista verbal), seu significado inicial era simplesmente *modo de fazer*, só isso. Essa acepção da palavra desapareceu completamente do uso. Mais tarde, esse termo (arte como maneira de fazer) juntou-se facilmente, do ponto de vista filológico ou linguístico, à noção de articulação dos membros, e por consequência a palavra *arte*, conectada com o mundo físico, terá uma vasta aplicação na educação e em todos os termos que se associam a ela. Porém, pouco a pouco a palavra se reduz; em vez de designar algum modo de fazer, designa apenas a ação voluntária, caso na ação instituída pela vontade haja um modo de fazer que supõe no agente (naquele que age) uma preparação, uma educação ou ao menos uma atenção muito particular: em suma, caso o resultado alcançado tenha sido igualmente alcançado, mas de modo menos feliz.

Digamos por exemplo da medicina que se trata de uma arte, porque não é um sistema de atos absolutamente determinados, mas um modo de fazer que pertence à pessoa do médico, que faz com que um médico seja bom ou mau; assim, enxergamos o médico como aquele que age segundo uma formação específica. Podemos lidar com outro médico, mas esse é o médico que escolhemos: fala-se, então, de arte médica.

Falamos em arte da educação, arte do comportamento, arte do raciocínio; a arte de pensar, como diz Port-Royal, é a arte de conduzir um raciocínio seguindo as regras da lógica. Seria possível raciocinar de outra maneira, mas este é um modo particularmente recomendado, que pressupõe toda uma preparação, uma educação especial: é a arte da lógica.

Existe uma arte do caminhar. Parece que existe uma arte do respirar. São artes, desde que sejam consideradas escolhas que supõem uma preparação ou um conhecimento especial. Porém, quando se introduz nessa categoria (arte da medicina, ou outra) a ideia de superioridade, personaliza-se ainda mais a noção de arte; e se chega à noção de qualidade ou de valor. Falaremos da arte de alguém: a arte de Ticiano, a arte de Rembrandt, a arte de Beethoven. Aqui aparece então o indivíduo. Não apenas o conhecimento pode ser adquirido em lugares e modos diversos; a soma distribuída pertence a muitos indivíduos, ao passo que aqui só temos um indivíduo. Só há um Ticiano, um Beethoven.

Agora, porém, esta nova linguagem que usamos — a arte de Ticiano, a arte de Victor Hugo —, introduz uma confusão notável. Confundem-se duas características distintas que atribuímos à pessoa designada, ao autor da ação. Uma dessas características é o dom, o dote natural, o hábito específico que é propriedade pessoal e não transmissível do indivíduo considerado; o outro consiste em seu saber, no que nele é traduzível e transmissível. Por exemplo, se um intelectual dá aulas, há nele o que transmite e o que não transmite, porque está só nele, porque é ele que pode criá-lo; por conseguinte, o que ele pode transmitir é seu saber no estado de coisa realizada, acabada, quase externa e estranha a ele.

Agora se vê que é introduzida aqui uma distinção importante: por definição, pode-se aprender qualquer arte (é um modo de fazer, uma coisa externa), mas não toda a arte. É preciso distinguir entre o que se alcança, por exemplo na arte da equitação, por meio de preceitos, de princípios, de exercícios, e o que pertence a determinado indivíduo, como um grande cavaleiro.

No entanto, apesar de a definição ser conhecida, continuamente fazemos confusão entre essas duas características, porque nos é mais fácil, e porque não precisamos fazer distinções na observação de um caso particular.

Não podemos separar, em Ticiano, o grandíssimo pintor único e o hábil executor cujos procedimentos são talvez imitáveis; alguém que poderia transmitir os segredos da pintura veneziana, que implicava uma série de técnicas, de procedimentos especiais. Porém, era Ticiano. O quadro de Ticiano não nos permite distinguir: confundimos a arte que se pode aprender — os procedimentos, as camadas sucessivas da pintura, o *glacis*, a pintura veneziana — com o homem singular e único que pôde produzir os quadros.

Toda aquisição, portanto, exige pelo menos um mínimo de talento: porém, o talento mais notável permanece sem valor, em uma pessoa, sem aquela parte que lhe chega transmitida. Pode-se dizer que há homens que, seguramente, caso tivessem recebido a educação necessária, ou caso tivessem sido colocados nas devidas circunstâncias, ter-se-iam revelado grandes cientistas ou grandes artistas. Eles tinham tudo o que a natureza podia lhes dar para que fossem, e talvez eles mesmos ignorassem: há casos em que se produziram revelações, e foram descobertos matemáticos ou músicos prodígios. Por conseguinte, são necessárias circunstâncias externas, ambientes favoráveis, ou ambos, para despertar neles recursos que estavam em estado bruto, incrustados, ignorados por aqueles que no entanto os possuíam.

Resumindo, a arte, naquele sentido, era a qualidade, o modo de fazer; é uma desigualdade dos modos de operar e uma desigualdade dos resultados obtidos que é a consequência da desigualdade dos agentes: aquela desigualdade que indiquei distinguindo em cada um o que ele sabe e o que ele não sabe, o que ele pode e o que ele não pode.

Porém, essa noção da arte não é completa: é preciso acrescentar-lhe novas considerações.

Permanecemos num âmbito geral. Aquilo que eu disse sobre os pintores podia aplicar-se a um grande médico ou a um matemático. Para abrir o campo, precisamos conseguir precisar como essa palavra veio a designar o que queremos dizer quando falamos de obra de arte. Aí não falamos mais de obra de matemática ou de medicina, mas de pintura, de escultura, de música, de literatura ou de arquitetura.

Ainda hoje distinguimos os dois sentidos deste termo: distinguimos a obra de arte que pode ser uma operação ou uma construção da obra de arte de que nos ocuparemos, aquela que tem como objetivo, *grosso modo*, um prazer a ser produzido em algum consumidor.

Assim, há pouco apresentei a pergunta: como reconhecemos que uma obra é humana? Agora temos outra pergunta a fazer: como reconhecemos que uma obra é uma obra de arte, ou que um conjunto de atos é concebido em vista de uma obra de arte? Há efetivamente sistemas de atos — uma dança, um balé é claramente uma obra de arte —, que não são um objeto material, mas um sistema de atos sensíveis.

O caráter mais evidente, mais grosseiro, mais genericamente visível da obra de arte, é o que chamei de inutilidade. É necessário que sejamos ainda mais precisos: diremos «inutilidade» com a condição de que sejam respeitadas as especificações seguintes. Como já indiquei, a maior parte das impressões que recebemos de nossos sentidos não tem papel nenhum no funcionamento essencial de nossas principais funções vitais.

Enxergamos vários objetos, e certamente eu não conseguiria calcular a proporção das coisas que nos servem para viver; igualmente, entre as impressões de nossos sentidos, mesmo que ínfimas, quantas são aquelas que não estão a serviço de nossas funções essenciais? E quantas são aquelas que não apenas são inúteis, mas que as turvam? Por exemplo, vejo inutilmente as luzes nas estradas, na Exposição [Universal]: é uma luz violenta demais para meus olhos, que os cansa, e por esse motivo turba as minhas funções vitais. Há então outras que têm um papel enquanto sinais; mas é fácil constatar que os estímulos externos que recebemos são em sua grande maioria completamente inúteis. Opomos a eles uma indiferença completa, absoluta, ou respostas absolutamente insignificantes. Por exemplo, é claro que o olho de um animal enxerga os astros, como nós; para ele, isso não faz absolutamente a menor diferença. Esses astros, creio (ou ao menos espero), são-lhe completamente indiferentes, e não lhe trazem uma astronomia, uma cosmografia.

Também os ruídos nos solicitam a cada momento: os ruídos são em grande quantidade insignificantes, muitas vezes nos perturbam, mas nós só lhes damos atenção para repeli-los, fechando assim nossa atenção.

A maior parte das nossas sensações é inútil para o funcionamento vital. Quanto àquelas que nos servem para alguma coisa, por exemplo para obter uma comida que tenhamos procurado, para dirigir-nos quando andamos para um objeto que nos interessa, nós as aceitamos e logo as trocamos por representações, decisões, ideias.

Por exemplo, pegamos um livro; a atenção se dirige para o que resulta da leitura. Muitas vezes não daremos atenção ao tipo de papel ou de capa. Nosso objetivo é nos instruirmos ou aprender alguma coisa, não tomar em consideração todos aqueles elementos, que julgamos inúteis. O livro poderá ter formatos diversos, mas não importa, nós o leremos sem nos preocupar com isso. Essa quantidade de impressões intermediárias será para nós reduzida absolutamente a zero. Temos portanto uma noção de inutilidade nesse sentido.

Neste mesmo salão, por exemplo, há uma quantidade de impressões que ninguém percebe, e que são fatos incontestáveis; estou a setenta centímetros deste vidro, é um fato absolutamente certo, mas sem nenhum interesse. Vivemos numa quantidade de coisas que estão para nós anuladas, reabsorvidas, suprimidas o máximo possível.

Por outro lado, junto desses acontecimentos inúteis, que são também esses que são abrangidos pelo desenho geral das nossas sensações, das nossas percepções, há outra área que não pertence mais ao que chamei de face da sensibilidade, à face emotiva. São atos nossos, dos quais um grande número parece absolutamente gratuito e arbitrário. Assim como recebemos mais sensações do que seria necessário, também possuímos ainda mais combinações de nossos órgãos motores e de nossos outros órgãos do que seria necessário, rigorosamente falando.

Por exemplo, posso mover a mão ou os músculos do rosto de qualquer jeito, posso desenhar uma figura, o que não serve para nada enquanto eu não fizer uso da propriedade de traçar um círculo. Posso mover todos os músculos, marchar em cadência, o que não serve para nada enquanto eu não tiver inventado o serviço militar.

Em particular, podemos dispor de nossas forças para plasmar uma matéria fora de toda intenção prática, e então refutá-la, abandoná-la depois de tê-la moldado. Fazê-la e descartá-la são atos igualmente desprovidos de efeito em relação às nossas necessidades vitais.

Sou portanto equipado de muitos dons, muito mais do que seria necessário.

Para os animais, pode-se dizer — é a minha opinião, e é extremamente arriscada, pois, no fim das contas, não sei o que eles pensam ou não pensam —, em suma, para o animal pode-se dizer que nada é inútil. Para o homem é mais incerto. Fazemos tantas coisas que não podem ser explicadas, nem mesmo no que se refere à necessidade de energia e de defesa.

Poderemos também fazer corresponder a cada indivíduo um tema importante da sua existência, constituído do conjunto dessas sensações inúteis e desses atos arbitrários.

Direi que a invenção da Arte consiste na tentativa de conferir a umas — as sensações inúteis — uma espécie de utilidade, e aos outros — os atos arbitrários — uma espécie de utilidade. Desse ponto de vista se pode examinar o processo da existência da obra de arte, de suas aventuras, de sua produção e de seu consumo, considerando que há uma espécie de dilação em relação a essas noções fundamentais de utilidade e de necessidade de que falei.

Prosseguirei essas explicações na próxima sexta-feira.

Terceira lição do curso de poética
[da voz de Paul Valéry]

A característica mais evidente de uma obra de arte pode ser chamada de «inutilidade», desde que se tenha em conta as seguintes condições:

A maior parte das impressões e percepções que recebemos de nossos sentidos não tem nenhum papel no funcionamento dos dispositivos essenciais para a conservação da vida. Estes às vezes causam um certo turvamento, certas variações de regime, seja por causa de sua intensidade, seja porque são sinais feitos para nos movermos ou para nos comovermos; mas é fácil constatar que, das incontáveis excitações sensoriais que nos assediam a cada instante, somente uma parte muito débil, e, direi até, infinitamente pequena, é necessária ou utilizável para a nossa existência puramente fisiológica. O olho de um cão enxerga as estrelas; porém, o ser desse animal não dá nenhum seguimento a essa visão, logo anulando-a. O ouvido desse cão percebe um rumor que o faz erguer-se e ficar inquieto; porém, seu ser só absorve, desse ruído, o que basta para uma ação imediata e inteiramente determinada. Ele não se detém na percepção.

Assim, a maior parte das nossas sensações é inútil para o serviço das nossas funções essenciais, e aquelas que nos servem de algo são puramente transitivas, e dão lugar o mais rápido possível a representações, decisões ou atos.

Por outro lado, a consideração de nossos atos possíveis nos leva a justapor (quando não a conjugar) à ideia de inutilidade, precisada acima, a ideia de arbitrariedade.

Assim como recebemos mais sensações do que é necessário, também possuímos mais combinações dos nossos órgãos motores e de suas ações do que temos necessidade, estritamente falando. Podemos traçar um círculo, mover os músculos do rosto, marchar em cadência etc. Podemos, em particular, dispor de nossas forças para plasmar uma matéria alheia a qualquer intenção prática, e em seguida recusá-la ou abandoná-la depois de tê-la moldado. Fazê-la e descartá-la são atos igualmente desprovidos de relação com nossas necessidades vitais.

Dito isso, pode-se fazer corresponder a cada indivíduo uma área notável no quadro de sua existência, constituída do conjunto de suas «sensações inúteis» e de seus «atos arbitrários». A invenção da Arte consistiu em tentar conferir a umas uma espécie de utilidade; a outros uma espécie de necessidade.

Porém, essa utilidade e essa necessidade não têm de jeito nenhum a universidade da utilidade e das necessidades vitais de que se falou anteriormente. Cada pessoa as sente conforme sua natureza e as avalia, ou as organiza, soberanamente.

Entre as nossas impressões inúteis, sucede porém que algumas se impõem a nós e nos estimulam a desejar que se prolonguem ou se renovem. Elas também tendem, às vezes, a fazer-nos esperar outras sensações da mesma ordem, que satisfazem uma sensação criada por elas.

A visão, o tato, o olfato, a audição e o movimento nos induzem, portanto, de tempos em tempos, a que nos detenhamos no sentir, a agir para aumentar a intensidade ou a duração das impressões. Essa ação que tem a sensibilidade por origem e por fim, e também por guia até na escolha de meios, distingue-se claramente das ações de ordem prática. Essas últimas, de fato, respondem a necessidades ou a impulsos que se extinguem com a satisfação que recebemos. A sensação de fome cessa no homem saciado, e as imagens que ilustram essa necessidade desaparecem.

As coisas são bem diferentes na área da sensibilidade exclusiva daquilo de que nos ocupamos. Nela, a satisfação faz renascer o desejo; a resposta renova a pergunta; a posse gera um desejo crescente pela coisa possuída; numa palavra, a sensação atiça sua própria espera e a reproduz, sem que nenhum término claro, nenhum limite certo, nenhuma ação resolutória possa abolir diretamente esse efeito de estímulo recíproco.

Organizar um sistema de coisas sensíveis que possua essas propriedades é a essência do problema da Arte; condição necessária, mas muito longe de ser suficiente.

É necessário insistir um pouco no ponto anterior e basearmo-nos, para esclarecer sua importância, num fenômeno particular, devido à sensibilidade da retina. A partir de uma forte impressão da retina, esse órgão responde às cores que o impressionaram com a emissão «subjetiva» de outra cor, dita complementar da primeira; e é completamente determinada por esta, que por sua vez dá lugar a uma retomada da precedente, e daí por diante. Esse tipo de oscilação continuaria indefinidamente, se o exaurimento do órgão não lhe pusesse fim.

Esse fenômeno mostra que a sensibilidade local pode funcionar como produtora isolável de impressões sucessivas e como que simétricas, cada uma das quais parecendo gerar sucessivamente seu «antídoto». Mas, de um lado, essa propriedade local não tem nenhum papel na «visão útil» — essa, pelo contrário, só pode turvar. A «visão útil» só retém, das impressões, o que serve para fazer pensar em outra coisa, despertar uma «ideia» ou provocar um ato. Por outro lado, a correspondência uniforme das cores em pares complementares define um sistema de relações, pois a cada cor em ato corresponde uma cor virtual, a cada sensação colorida uma substituição precisa. Porém, essas relações e outras semelhantes, que não têm papel nenhum na «visão útil», às vezes têm um papel, e muito importante, nessa organização de coisas sensíveis e nessa tentativa de conferir uma espécie de outra necessidade ou de outra utilidade a impressões sem valor vital, as que há pouco consideramos fundamentais para a noção de Arte.

Se dessa propriedade elementar da retina solicitada passamos às propriedades dos membros do corpo, e particularmente dos mais móveis, e se observamos nossa produção de esforços independentes de toda utilidade, nos damos conta de que existe, no grupo dessas possibilidades, uma infinidade de associações entre sensações táteis e sensações musculares, por meio das quais se realiza a condição de correspondência recíproca, de retomada ou de prolongamento de que tínhamos falado. Tocar um objeto é apenas procurar com a mão certa ordem de contatos; se, reconhecendo ou não o objeto (e, de outro lado, ignorando aquele que não conhecemos mentalmente), estamos empenhados em retomar indefinidamente nosso gesto envolvente, ou motivados a isso, pouco a pouco perdemos o senso da arbitrariedade do nosso ato, e efetivamente nascerá em nós o senso de certa necessidade de repeti-lo. Nossa necessidade de recomeçar o movimento, de aperfeiçoar nosso conhecimento local do objeto, nos indica que sua forma é mais própria do que outra para manter nossa ação. Essa forma favorável se contrapõe a todas as formas possíveis, pois nos tenta singularmente a perseguir em sua superfície uma troca de sensações motoras, de sensações de contato e de força que, graças a ela, tornam-se complementares umas das outras, as pressões da mão e seus reposicionamentos reclamando-se reciprocamente. Se além disso tentamos plasmar numa matéria adaptada algo que nos permita reencontrar esse tipo de prazer, fazemos uma obra de arte. É possível exprimir grosseiramente tudo isso falando-se em «sensibilidade criadora»; porém, essa não passa de uma expressão ambiciosa, que promete mais do que pode cumprir.

Em síntese, existe toda uma atividade inteiramente negligenciável pelo indivíduo, quando ele se limita ao que se relaciona com sua conservação imediata. Esta se opõe, além disso, à atividade intelectual verdadeira e própria, pois consiste num desenvolvimento de sensações que tende a repetir ou a prolongar o que o intelecto tende, ao contrário, a eliminar ou a ultrapassar — assim como tende a abolir a substância auditiva de um discurso para chegar a seu sentido.

Porém, essa atividade, por outro lado, opõe-se automaticamente ao espaço vazio. A sensibilidade, que é seu princípio e fim, tem horror ao vácuo. Ela reage espontaneamente contra a rarefação dos estímulos. Toda vez que um arco de tempo sem ocupação nem preocupação se impõe ao homem, nele se verifica uma mudança de estado marcada por uma espécie de emissão que tende a restabelecer o equilíbrio das trocas entre potência e ato da sensibilidade. Um rabisco traçado numa superfície ou um som emitido num silêncio excessivamente prolongado são respostas, complementos que compensam a ausência de estímulos — como se essa ausência, que exprimimos com uma simples negação, agisse positivamente em nós.

Aqui podemos chegar ao cerne da produção da obra de arte. Nós a reconhecemos como tal pela seguinte característica: ideia nenhuma que ela possa despertar em nós, ato nenhum que ela nos sugira pode completá-la ou esgotá-la. Mesmo que se cheire lentamente uma flor que delicia o olfato, não se pode deixar de cheirar aquele perfume cujo prazer reativa a necessidade; não há lembrança, nem pensamento, nem ação que anule seu efeito e nos liberte totalmente de seu poder. Eis o que busca aquele que quer fazer uma obra de arte.

Essa análise de fatos elementares e essenciais em matéria de Arte leva a modificar profundamente a noção que se costuma ter da sensibilidade. Sob esse nome vêm agrupadas propriedades puramente receptivas ou transitivas: mas nós reconhecemos que é preciso atribuir-lhes também virtudes produtivas. Por isso insistimos nos pares complementares. Se alguém ignorasse a cor verde, se nunca a tivesse visto, bastar-lhe-ia fixar por pouco tempo um objeto vermelho para obter por meio dele a sensação ainda desconhecida.

Vimos também que a sensibilidade não se limita a responder, mas lhe acontece de colocar-se perguntas e de dar respostas.

Isso tudo não se limita às sensações. Se observarmos atentamente a produção, os efeitos, a curiosa substituição cíclica das imagens mentais, encontramos as mesmas relações de contraste, de simetria, e sobretudo o mesmo regime de regeneração indefinida que tínhamos observado nas áreas da sensibilidade especializada. Essas formações podem ser complexas, desenvolver-se em tempos longos, reproduzir as aparências acidentais da vida externa, combinar-se ocasionalmente com exigências de ordem prática — mas mesmo assim elas são caracterizadas por aqueles mesmos modos que tínhamos descrito ao falar da sensação pura. Em particular, é característica a necessidade de ver de novo, de ouvir de novo, de provar indefinidamente [uma sensação]. O apaixonado pela forma acaricia sem cansar o bronze ou a pedra que encanta seu sentido do tato. O apaixonado pela música cantarola ou pede o bis da ária que o seduziu. A criança exige que lhe contem outra vez a mesma história e grita: de novo!

Dessas propriedades elementares da nossa sensibilidade, o engenho do homem tirou aplicações prodigiosas.

A quantidade de obras de arte produzidas ao longo de várias épocas, a diversidade dos meios, a variedade de tipos desses instrumentos da vida sensorial e afetiva são coisas miraculosas de pensar. Porém, esse enorme desenvolvimento só foi possível graças ao concurso daquelas nossas faculdades em cuja ação a sensibilidade possui um papel secundário. Aquelas que, entre nossos poderes, não parecem inúteis, mas antes indispensáveis ou úteis para nossa existência, são estados cultivados pelo homem, tornadas mais fortes e mais precisas. O homem possui um domínio sempre maior e mais exato sobre a matéria. A arte soube tirar proveito desse domínio, e as diversas técnicas criadas para as necessidades da vida prática emprestaram ao artista seus instrumentos e seus procedimentos. Por outro lado, o intelecto e sua vida abstrata (lógica, métodos, classificações, análises de fatos, crítica, que às vezes se contrapõem à sensibilidade, pois, contrariamente a esta, sempre procedem na direção de um limite, perseguindo um objetivo determinado — uma fórmula, uma definição, uma lei — e tendem a esgotar ou a substituir com sinais convencionais toda experiência sensorial) trouxeram para a Arte o concurso (mais ou menos feliz) do pensamento retomado e reconstruído, constituído em operações distintas e conscientes, rico em notações e de formas de uma globalidade e de uma potência admiráveis. Essa intervenção, entre outros efeitos, deu origem à estética — ou melhor, às diversas estéticas —, que, considerando a Arte como problema do conhecimento, tentaram reduzi-la a uma ideia.

Colocando de lado a estética em sentido próprio, que pertence aos filósofos e aos especialistas, o papel do intelecto na Arte mereceria um estudo aprofundado, o qual hoje me limito a assinalar. Basta aludir aqui às incontáveis «teorias», escolas, doutrinas geradas ou seguidas por tantos artistas modernos, e às infinitas disputas em que se agitam os eternos e idênticos personagens dessa *Commedia dell'Arte*: a Natureza, a Tradição, o Novo, o Estilo, o Verdadeiro, o Belo etc.

A Arte, enquanto atividade que tem lugar na época atual, teve de submeter-se às condições da vida social destes nossos tempos. Ela assumiu sua posição na economia universal. A produção e o consumo das obras de arte não são mais independentes uma do outro. Eles tendem a organizar-se. A carreira do artista volta a ser aquela que foi na época em que ele era considerado um profissional: isto é, um mestre reconhecido. O Estado, em muitos países, tenta administrar as artes; procura manter as obras, «sustenta-as» como pode. Sob certos regimes políticos, tenta associá-las à sua ação de persuasão, imitando o que foi praticado em todos os tempos por todas as religiões. A Arte recebeu dos legisladores um estatuto que define a propriedade das obras e as condições de exercício, e que consagra o paradoxo de uma duração limitada atribuída a um direito muito bem fundado que as leis tornam eterno. A Arte tem sua imprensa, sua política interna e externa, suas escolas, seus mercados e suas bolsas de valores; tem até seus grandes bancos, onde vêm acumular-se os enormes capitais que produziram, de século em século, os esforços da «sensibilidade criadora»: museus, bibliotecas etc.

Assim, a Arte se coloca ao lado da Indústria. Por outro lado, as numerosas e impressionantes modificações da técnica em geral, que tornam impossível toda ordem de previsão, devem necessariamente influir na Arte mesma, criando meios em tudo inéditos de exercício da sensibilidade. Já as invenções da Fotografia e do Cinematógrafo transformam nossa noção das artes plásticas. Não é de todo impossível que a análise extremamente sutil das sensações, que certos modos de observação ou de registro (como o oscilógrafo catódico) fazem prever, faça com que imaginemos procedimentos de ação sobre os sentidos ao lado dos quais a própria música, a de «ondas», parecerá complicada em seu mecanismo e superada em seus objetivos. Entre o «fóton» e a «célula nervosa», podem estabelecer-se relações surpreendentes.

Diversos indícios, todavia, podem nos levar a temer que o acréscimo de intensidade e de precisão, assim como o estado de desordem permanente nas percepções e nas reflexões, gerado pelas grandes novidades que transformaram a vida do homem, tornem sua sensibilidade cada vez mais obtusa e sua inteligência menos livre do que já foi.

Das Andere

22. Rossana Campo
Onde você vai encontrar um outro pai como o meu
23. Ilaria Gaspari
Lições de felicidade
24. Elisa Shua Dusapin
Inverno em Sokcho
25. Erika Fatland
Sovietistão
26. Danilo Kiš
Homo Poeticus
27. Yasmina Reza
O deus da carnificina
28. Davide Enia
Notas para um naufrágio
29. David Foster Wallace
Um antídoto contra a solidão
30. Ginevra Lamberti
Por que começo do fim
31. Géraldine Schwarz
Os amnésicos
32. Massimo Recalcati
O complexo de Telêmaco
33. Wisława Szymborska
Correio literário
34. Francesca Mannocchi
Cada um carregue sua culpa
35. Emanuele Trevi
Duas vidas
36. Kim Thúy
Ru
37. Max Lobe
A Trindade Bantu
38. W. H. Auden
Aulas sobre Shakespeare
39. Aixa de la Cruz
Mudar de ideia
40. Natalia Ginzburg
Não me pergunte jamais
41. Jonas Hassen Khemiri
A cláusula do pai
42. Edna St. Vincent Millay
Poemas, solilóquios e sonetos
43. Czesław Miłosz
Mente cativa
44. Alice Albinia
Impérios do Indo
45. Simona Vinci
O medo do medo
46. Krystyna Dąbrowska
Agência de viagens
47. Hisham Matar
O retorno
48. Yasmina Reza
Felizes os felizes
49. Valentina Maini
O emaranhado
50. Teresa Ciabatti
A mais amada
51. Elisabeth Åsbrink
1947
52. Paolo Milone
A arte de amarrar as pessoas
53. Fleur Jaeggy
Os suaves anos do castigo
54. Roberto Calasso
Bobi
55. Yasmina Reza
«Arte»

Dados Internacionais
de Catalogação na Publicação (CIP)
(Câmara Brasileira do Livro, Brasil)

Valéry, Paul, 1871-1945
    Lições de poética / Paul Valéry
    ; tradução Pedro Sette-Câmara.
    -- 2. ed. -- Belo Horizonte, MG :
    Editora Âyiné, 2023.
Título original: Leçons de poétique
Isbn 978-65-5998-117-5
1. Poesia francesa
I. Título.
    23-162742
    CDD-841

Índices para catálogo sistemático:
1. Poesia : Literatura francesa 841
Aline Graziele Benitez
    Bibliotecária CRB-1/3129
Nesta edição, respeitou-se
    o Novo Acordo Ortográfico
    da Língua Portuguesa.

Belo Horizonte, Veneza, São Paulo, Balerna
Outubro de 2024